그리스 신화 속
별자리 이야기

그리스 신화 속
별자리 이야기

초판 1쇄 발행 2019년 10월 15일
초판 7쇄 발행 2024년 01월 05일
글 재클린 미튼 | **그림** 크리스티나 발릿 | **옮김** 원지인
발행 이마주 | **주소** 경기도 고양시 덕양구 청초로 65, 101-2702
등록 2014년 5월 12일 제396-251002014000073호
내용 및 구입문의 02-6956-0931
블로그 http://blog.naver.com/imazu7850 | **이메일** imazu7850@naver.com
제조국명 대한민국 | **사용연령** 5세 이상 | **주의사항** 날카로운 책장이나 모서리에 주의하세요
ISBN 979-11-89044-20-6 73840

ZOO IN THE SKY / ZODIAC: Celestial Circle of the Sun / ONCE UPON A STARRY NIGHT
copyright © Frances Lincoln Limited 1999 / 2007 / 2008
Text copyright © Jacqueline Mitton 1999 / 2007/ 2008
Illustrations copyright © Christina Balit 1999 / 2007/ 2008
First published in Great Britain in 1999 / 2007/ 2008 by Frances Lincoln Children's Books,
74-77 White Lion Street, Islington, London N1 9PF
www.franceslincoln.com
Korean translation copyright © IMAZU 2019
Korean translation rights arranged with Frances Lincoln Limited through Orange Agency

이 책의 한국어판 저작권은 오렌지에이전시를 통해 저작권사와 독점 계약한 이마주에 있습니다.
저작권법에 의해 한국 내에서 보호를 받는 저작물이므로 무단전재와 복제를 금합니다.
잘못된 책은 구입하신 곳에서 바꾸어 드립니다.

그리스 신화 속
별자리 이야기

글 재클린 미튼 | 그림 크리스티나 발릿 | 옮김 원지인

이마주

| 머리말 |

인류의 지식과 문화, 예술과 역사가 담긴 보물 창고, 그리스 신화

해가 집니다. 마지막 남은 분홍빛과 주황빛이 서쪽으로 모두 사라지면, 어둠이 벨벳 커튼처럼 맑은 하늘 위로 살며시 드리웁니다. 별들도 하나하나 모습을 드러냅니다. 옛날이야기를 읽기에 딱 좋은 밤이지요. 하지만 마땅한 이야기책이 없다고요? 하늘을 올려다보세요. 그곳에 아주 커다랗고 좋은 그림책이 있으니까요. 희미하게 반짝이는 별들과 그 별들이 만들어낸 별자리가 바로 우리가 찾는 이야기책입니다. 신과 사람, 영웅과 여인, 동물과 식물 등으로 수놓아진 밤하늘 별자리는 아름답고 흥미진진한 그리스 신화를 들려줄 겁니다.

그리스 신화는 아주 오래전부터 전해져 내려온 그리스 신들과 문화를 그려낸 이야기로, 지금까지 많은 사람들과 문학가들을 거치면서 각색되어 왔습니다. 그 방대한 이야기들은 서양 문화뿐 아니라 역사, 예술, 문학과 우리 삶 구석구석에 큰 영향을 주었습니다. 고대 그리스 사람들은 신화를 그들의 역사의 일부로 여기고 신화 속 신들을 섬겨 왔으며, 많은 화가들과 조각가들도 신화에 나오는 이야기를 바탕으로 한 작품들을 창조했지요.

그리스 신화는 어린이들의 상상력을 자극하고 창의력을 길러 줍니다. 아무것도 없었던 무에서 대기와 물, 공기가 나타나 신을 탄생시킨 이야기부터 신들의 전쟁, 인간의 창조 등 신비롭고 재미난 이야기가 가득합니다. 그뿐 아니라 그리스 신화 속에는 인류의 문명이 고스란히 녹아들어 있습니다. 자연과 생명, 인류의 역사, 나아가 고대 문학까지 방대한 지식도 전달합니다.

이 책은 황도 12궁을 포함한 밤하늘 주요 별자리에 얽힌 그리스 신화를 아름다운 그림과 함께 소개하고 있습니다. '별보다 반짝이는 별자리 이야기'에서는 기초적인 천문 지식과 별자리와 관련된 예술 작품을 다루어 좀 더 다채롭게 책을 읽을 수 있도록 했습니다. 더불어 책 속에 포함된 스티커를 붙여 보며 별자리를 익히고 알아가는 재미도 더했지요.

이제 여러분에게 필요한 건 약간의 상상력뿐입니다. 이 책을 통해 신화에 대한 흥미는 물론이고 지식까지 모두 얻을 수 있기를 바랍니다.

| 차례 |
CONTENTS

The Constellation of Spring
봄철의 별자리

사자자리　　　　　　10
네메아의 대사자

처녀자리　　　　　　16
어머니를 만나러 오는 페르세포네

천칭자리　　　　　　22
인간의 운명을 결정하는 여신의 저울

큰곰자리·작은곰자리　26
제우스의 사랑이 만든 비극

별보다 빛나는 별자리 이야기　32
반짝이는 가스 덩어리
처녀자리의 진짜 주인공은?

The Constellation of Summer
여름철의 별자리

리라자리　　　　　　36
아내를 잃은 오르페우스

백조자리　　　　　　42
제우스의 변신

전갈자리　　　　　　46
사냥꾼을 잡은 동물

뱀주인자리　　　　　50
죽은 자를 되살린 천재 의사

궁수자리　　　　　　54
그리스 영웅들의 스승

용자리　　　　　　　60
황금 사과를 지키는 괴물

별보다 빛나는 별자리 이야기　66
밤하늘의 숨은 그림
왜 계절마다 별자리가 달리 보이는 걸까요?

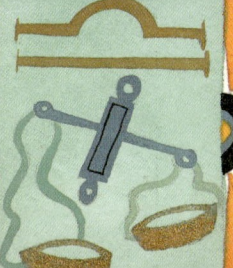

The Constellation of Fall
가을철의 별자리

안드로메다자리　　　70
별이 된 사람들

페가소스자리　　　78
하늘을 나는 말

물고기자리　　　84
물을 피해 도망가는 아프로디테 모자

양자리　　　90
아이들을 구한 황금 숫양

물병자리　　　94
신들의 음료를 따르는 가니메데스

별보다 빛나는 별자리 이야기　　　98
북쪽 하늘에서도, 남쪽 하늘에서도

The Constellation of Winter
겨울철의 별자리

큰개자리　　　102
바람처럼 빠른 사냥개

황소자리　　　106
바람둥이 제우스

게자리　　　110
헤라클레스의 발에 밟힌 게

쌍둥이자리　　　114
죽음도 막지 못한 형제의 우애

별보다 빛나는 별자리 이야기　　　118
태양이 지나는 길에 있는 별자리
점성술과 별

북쪽의 별자리

사자자리 · 처녀자리
청결자리 · 큰곰자리

LEO
사자자리
네메아의 대사자

    트로이젠의 왕 암피트리온의 약혼녀 알크메네는 제우스와 사랑에 빠져 아들을 낳았습니다. 그는 바로 그리스의 위대한 영웅 헤라클레스였습니다. 그는 최고 신의 아들답게 누구도 따라올 수 없는 용기와 힘을 지닌 아이로 자라났습니다. 게다가 헤라의 젖을 먹어 죽지 않는 불사의 몸이 되었지요.

    하지만 그 용기와 힘이 언제나 좋을 수만은 없는 법. 헤라클레스는 힘을 조절하지 못해 몇 번이나 씻을 수 없는 죄를 짓게 되었습니다. 그중 하나가 바로 자신의 아들과 조카 들을 죽인 일이었지요.

    헤라클레스는 죗값을 치르기 위해 아르고스 땅의 에우리테우스 왕이 주는 열 가지 과제를 수행하기로 합니다. 그 첫 번째는 '네메아의 사자'를 물리

치는 일이었지요.

　아르고스 평원에서 멀지 않은 곳에 네메아라는 골짜기가 있는데, 그곳에 성미가 괴팍하기 짝이 없고, 동에 번쩍 서에 번쩍 움직임도 번개 같이 빠른 사자가 한 마리 살고 있었어요. 이 사자는 바로 헤라 여신이 기르다가 사람들에게 벌을 주기 위해 지상으로 내려 보낸 것이었지요.

　네메아 사람들은 오랫동안 이 사자에게 괴롭힘을 당해 왔습니다. 사자는 창으로 찔러도 죽지 않고, 활로 쏘아도 죽지 않고, 칼로 쳐도 죽지 않았어요. 이 사자에 맞서 살아남은 이가 한 사람도 없을 정도였지요.

　하지만 헤라클레스는 자신만만했어요. 오래전 키타이론 산에서 사자를 잡아 본 경험이 있었거든요. 그래도 준비는 단단히 해야 했기에 네메아 골짜기로 들어서기 전 올리브 나무 한 그루를 뿌리째 뽑아 부러뜨린 다음, 실한 몽둥이 하나를 만들었어요. 장정 둘이서도 들 수 없는 아주 무겁고 단단한 몽둥이였지요.

　골짜기를 한참 헤맨 끝에 헤라클레스는 드디어 네메아의 악명 높은 사자와 맞닥뜨렸어요. 그는 맨 먼저 활을 쏘았지요. 화살은 사자의 가죽을 뚫지 못했어요. 이번에는 창을 던졌어요. 아테나 여신으로부터 선물 받은 무적의 창이었지만 네메아의 사자에게는 소용이 없었습니다. 헤르메스에게 선물

받은 칼도 마찬가지였어요.

　사자는 헤라클레스의 공격을 받을 때마다 동굴로 도망쳤습니다. 그는 사자를 쫓아 동굴로 향했지만 번번이 허탕을 치고 말았어요. 그도 그럴 것이 동굴에는 들어가는 곳과 나가는 곳이 따로 있었기 때문입니다. 뒤늦게 이 사실을 알게 된 헤라클레스는 거대한 바위를 옮겨 동굴의 한쪽 입구를 막았습니다.

　드디어 결전의 날이 왔습니다. 헤라클레스는 동굴로 들어가려던 사자의 머리를 몽둥이로 내리쳤습니다. 사자는 전보다 더 빠른 속도로 다른 쪽 입구를 향해 냅다 달렸습니다. 하지만 그 문은 이미 헤라클레스가 놓아 둔 바위에 막힌 뒤였지요. 헤라클레스는 잠시 주춤한 사자에게 달려들어 목을 졸랐습니다. 둘은 엎치락뒤치락 싸움을 시작했습니다.

　그렇게 오랫동안 헤라클레스는 동굴 밖으로 모습을 드러내지 않았습니다. 사람들은 그마저도 사자에게 목숨을 잃었다고 생각했지요.

　그렇게 헤라클레스가 동굴로 들어간 지 한 달이 되던 날, 동굴에서 무엇인가가 비척대며 나왔습니다. 바로 헤라클레스였지요. 죽은 사자를 어깨에 멘 채로요. 헤라클레스는 삼십 일 동안 먹지도, 자지도 않고 사자의 목을 졸랐던 것이지요. 악명 높은 사자도 그리스 최고의 영웅을 당해 낼 수는 없었습니다.

제우스는 훗날 사자를 가엾게 여겨 그의 영혼을 하늘로 불러올렸습니다. 그러고는 밤하늘의 빛나는 별로 만들어 주었지요. 이것이 바로 '사자자리'입니다.

이른 봄, 별이 된 사자는 남쪽 하늘 높이 떠 있는 왕좌에서 아래를 내려다봅니다. 갈기에 있는 별들은 보석처럼 반짝이지요. 가장 밝은 별은 사자의 심장 가까이에 있습니다. 그 별의 이름은 '레굴루스'인데, '작은 왕'이라는 뜻이랍니다.

VIRGO
처녀자리
어머니를 만나러 오는 페르세포네

    최고신 제우스와 수확의 여신 데메테르의 딸인 페르세포네는 온 세상이 부러워할 만큼 아름다운 아가씨였어요. 지하 세계의 신인 하데스의 마음을 사로잡을 정도였지요. 어디 외모뿐이겠어요. 님프들과 함께 꽃과 나무, 동물들을 돌보는 그녀의 마음씨도 아름답기 그지없었지요.
    페르세포네의 상냥한 마음씨와 아름다운 외모에 반한 하데스는 그녀를 자신의 아내로 만들어야겠다고 결심했어요. 심장까지 차가운 지옥의 신 하데스가 사랑에 빠지다니요. 다 이유가 있었습니다. 그건 바로 아프로디테와 에로스 모자 때문에 시작된 일이었지요. 에로스가 쏜 사랑의 화살을 맞은 하데스는 페르세포네를 얻기 위해 머리를 씁니다.

그는 향기로운 꽃 한 송이를 땅 위로 피어 올려 페르세포네를 유혹합니다. 페르세포네가 그 향기에 취해 꽃을 꺾은 순간, 그녀는 아홉 낮, 아홉 밤을 아래로 떨어져 하데스의 궁전에 가게 되었습니다. 낯설고 두려운 그곳에서 페르세포네는 물 한 모금도 입에 대지 않고 몇 날 며칠을 지냈어요.

하데스는 그녀를 납치했지만 금세 그녀를 아내로 삼지는 못했어요. 지하 세계 사람이 되려면 그곳에서 아주 조금이라도 음식을 먹어야 하기 때문이었습니다.

지하 세계의 신은 수확의 여신 데메테르가 딸을 걱정한다는 이야기를 하며 석류 하나를 페르세포네에게 건넸습니다. 어머니 이야기에 마음이 흔들린 페르세포네는 마지못해 석류 한 알을 먹고 말았어요. 그로 인해 페르세포네는 다시 지상으로 가지 못하고 지하 세계에 남아 하데스의 아내가 되었습니다.

페르세포네는 지하 세계에서 부족할 것 없는 생활을 했어요. 그녀를 끔찍이 사랑한 하데스가 아내를 위해서라면 무엇이든 다 해 주었거든요. 아름다운 비단으로 만들어진 옷과 어두운 지하 세계를 환하게 밝히는 보석으로 그녀를 꾸며 주고, 시종들이 하루 종일 그녀 곁을 맴돌며 온갖 수발을 다 들어 주었지요.

하지만 그녀는 가끔씩 땅 위의 환한 햇살과 향기로운 꽃 냄새, 싱그러운 풀밭의 느낌을 떠올리며 슬픔에 잠겼습니다.

한편, 페르세포네가 지하 세계로 납치된 뒤 딸을 잃은 수확의 여신 데메테르는 깊은 슬픔에 빠졌습니다. 그녀가 슬퍼하자 땅은 메말랐고, 꽃과 나무는 열매를 맺지 않았습니다. 이제 땅은 사람과 동물들이 살 수 없는 지경에 이르렀습니다.

신들의 왕이자 데메테르의 남편인 제우스는 이를 모른 척할 수 없었습니다. 그래서 자신의 형인 하데스를 설득했지요.

결국, 제우스의 도움으로 페르세포네는 일 년의 3분의 1은 지하 세계에 있고 나머지는 지상에서 어머니와 함께 지낼 수 있게 되었습니다.

딸을 만나게 된 데메테르 여신이 기뻐하자 땅 위의 모든 생명은 다시 생기를 찾게 되었지요. 봄과 여름, 가을 동안 땅은 싹을 틔우고 열매를 맺습니다. 하지만 페르세포네가 지하 세계로 내려가면 땅이 얼어붙고 황폐해지는 겨울이 됩니다.

봄이 되면 동쪽 하늘로 떠오르는 '처녀자리'는 지하 세계에서 어머니를 만나러 지상으로 올라오는 페르세포네의 모습입니다. 그녀는 왼손에 보리 이삭을, 오른손에는 월계수 잎을 쥐고 있지요.

처녀자리에서 가장 밝고 눈부시게 흰 별인 '스피카'는 페르세포네가 들고 있는 보리 이삭 위에 있습니다.

LIBRA
천칭자리
인간의 운명을 결정하는 여신의 저울

    신과 사람 들은 티탄 신의 왕인 크로노스가 세상을 지배하고 있을 때를 '금의 시대'라고 불렀어요. 그때는 신과 사람이 땅 위에서 함께 어울려 살며 아무 걱정 없이 행복하게 살 수 있었지요. 법이 없어도 진실과 정의가 지켜졌고, 자연을 해치는 일도 없었습니다.

    그런데 데메테르와 페르세포네 때문에 겨울이 생기면서 사람들은 먹을 것을 얻기 위해 땀을 흘리며 열심히 일을 해야 했지요. 그러다보니 사람들은 서로 더 많이 가지기 위해 욕심을 부리고 싸움을 하기에 이르렀어요. 인간과 함께 살던 신들은 사람들의 변한 모습을 참지 못하고 하늘로 올라가 버렸어요. 이때를 '은의 시대'라고 해요.

하지만 여신 한 명만은 사람들 곁에 남았지요. 그녀는 제우스와 티탄 족의 여신 테미스 사이에서 태어난 정의의 여신 아스트라에아였지요. 그녀는 사람들 사이에 싸움이 일어나면 자신의 천칭에 싸움을 한 사람들을 올려놓고 옳고 그름을 가려 주었어요. 옳은 사람을 태운 접시는 올라가고, 그른 사람을 태운 접시는 내려갔지요.

그럼에도 불구하고 사람들은 점점 더 나쁘게 변해 갔어요. 욕심을 부리고 폭력을 일삼다가 결국에는 서로를 죽이기까지 했어요. 부모와 친형제까지도요. '청동의 시대'에 사람들은 스스로 몰락의 길을 걷기 시작했어요. '철의 시대'에 들어서자 사람들은 칼과 도끼, 방패를 들고 집단과 집단끼리, 나라와 나라끼리 큰 전쟁을 하기에 이르렀지요.

이렇게 되자 사람을 믿으며 정의를 알리려던 아스트라에아도 인간을 포기하고 하늘로 가 버리고 말았어요. 인간의 선과 악을 재어 그 사람의 운명을 결정하는 데 썼던 천칭은 인간을 위해 봉사한 여신 아스트라에아를 기리기 위해 하늘에 올려졌어요. 그것이 바로 '천칭자리'이지요.

봄 하늘에 밝게 빛나는 두 별, 천칭자리의 '주베넬게누비'와 '주베네샤마리'는 마치 옳고 그름을 재기라도 하는 듯 나란히 천칭의 양쪽 접시 위에 놓여 있습니다.

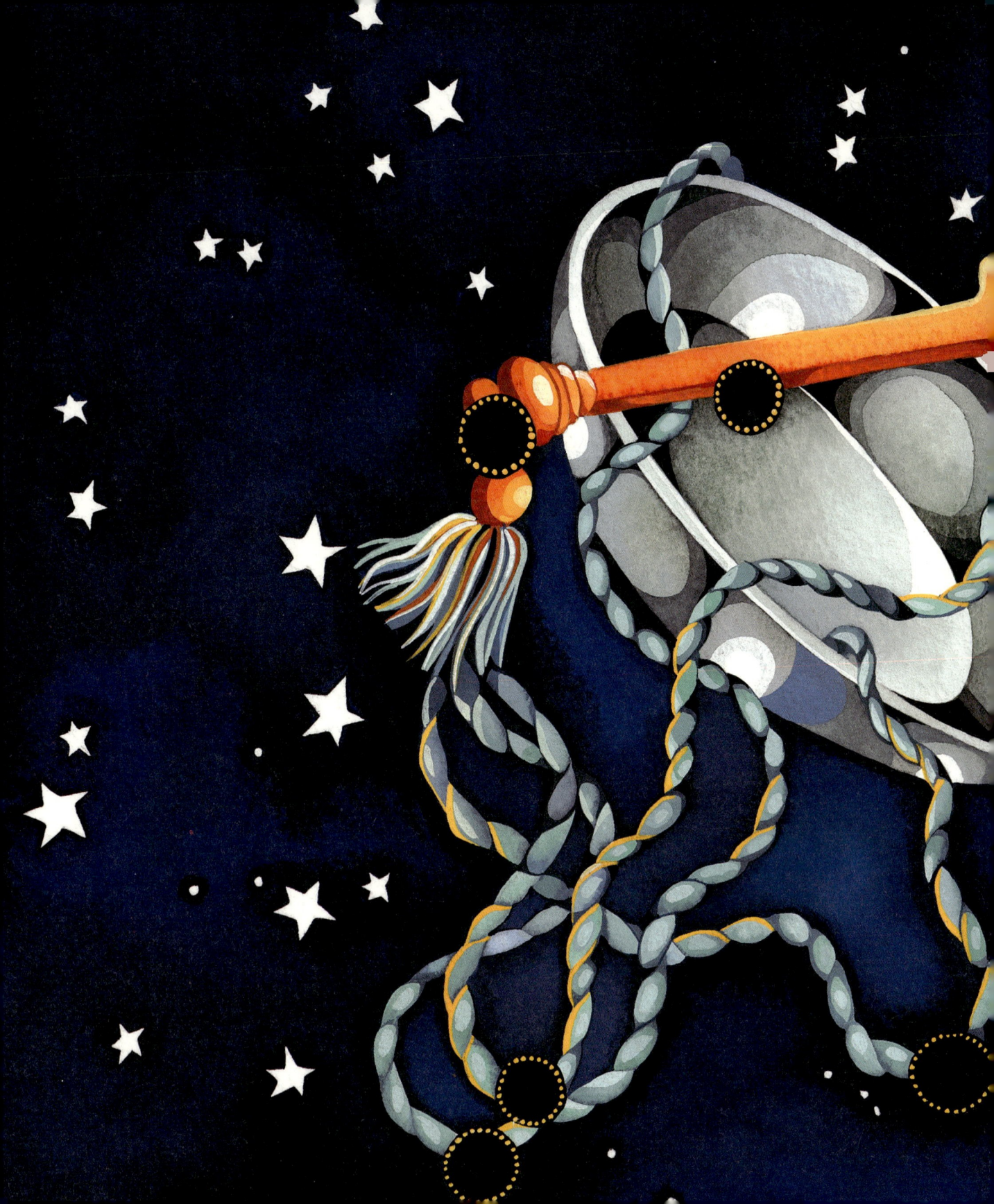

URSA MAJOR

큰곰자리

제우스의 사랑이 만든 비극

사냥의 여신 아르테미스의 님프 칼리스토는 산과 들을 뛰어다니며 사냥하는 것을 좋아했어요. 길고 하얀 목덜미와 팔다리, 물기가 촉촉한 커다란 눈 때문에 그녀는 마치 우아하고 명랑한 한 마리 사슴 같았지요.

어느 날, 칼리스토를 본 제우스는 한눈에 그녀에게 반하고 말았어요. 하지만 선뜻 그녀에게 사랑을 고백할 수 없었습니다. 질투심 많은 아내 헤라가 항상 자신을 감시하고 있는데다가, 아르테미스의 님프들은 다른 신과 사람들에게 매우 낯을 가렸거든요.

몇 날을 고민하던 최고신은 어느 날 아르테미스와 똑같은 모습으로 변신해 칼리스토를 찾아갔어요. 님프는 그 사실을 모르는 채 자신이 모시는 신과 사랑을 나누었지요. 몇 달 뒤, 칼리스토의 배가 불러오기 시작했어요. 그러고는 제우스의 아들 아르카스를 낳았어요.

이 사실을 알게 된 아르테미스는 화가 나서 칼리스토를 곰으로 변신시켜 버렸어요. 아르테미스는 처녀 신이었기 때문에 자신의 시녀 중에 순결을 잃은 사실을 용서할 수 없었거든요.

곰이 된 칼리스토는 아르테미스의 곁을 떠났어요. 그러고는 아들 아르카스를 둔 채 숲을 떠돌아다니게 되었습니다. 그 사이 아르카스는 멋진 사냥꾼으로 자라났어요.

어느 날, 아르카스는 사냥감을 좇다가 자신도 모르게 깊은 숲까지 들어가고 말았어요. 그는 길을 찾아 숲을 헤매다가 커다란 곰 한 마리를 발견했어요. 아르카스는 조심조심 뒷걸음질을 치다가 그만 나뭇가지에 걸려 넘어지고 말았어요. 그 소리에 곰이 아르카스를 보게 되었지요.

그 곰은 바로 칼리스토였어요. 곰은 사냥꾼이 자신의 아들이라는 것을 금방 알아차렸어요. 그녀는 아들을 만난 기쁨에 자신의 모습을 잊고 아르카스를 향해 전속력으로 달렸습니다.

아르카스는 곰이 자신의 어머니라는 사실을 알 리가 없었어요. 그저 자신을 공격하려는 난폭하고 무서운 곰으로 밖에 보이지 않았지요. 그는 손에

든 창을 곰을 향해 던지고 말았어요.

그 순간, 모든 사실을 알고 있으며 하늘에서 그 모습은 보고 있었던 제우스는 아르카스가 어머니를 죽이는 무거운 죄를 짓지 않도록 손을 썼어요. 그는 회오리바람을 일으켜서 두 모자를 하늘로 휘감아 올린 뒤 아르카스를 곰으로 변신시켰지요. 그런 다음 둘을 밤하늘의 별로 만들었습니다. 칼리스토는 '큰곰자리', 아르카스는 '작은곰자리'가 된 것이지요.

하지만 제우스의 아내이자 질투의 여신 헤라가 가만있을 리 있나요. 그녀는 명예로운 자들만이 차지하는 별자리를 남편과 바람을 피운 여자와 그 자식이 차지했다는 사실 때문에 견딜 수가 없었지요.

헤라는 대양의 신 오케아노스와 님프 테티스를 찾아가서 사정했습니다. 칼리스토와 아르카스가 다른 별들처럼 하루에 한 번, 바닷속에 들어가서 쉴 수 없도록 부탁했지요. 이 때문에 큰곰자리와 작은곰자리는 일 년 내내 쉬지 않고 북쪽 하늘을 돌게 되었습니다.

쌀쌀한 이른 봄 밤하늘, 아기 곰이 엄마 곰의 꽁무니를 졸졸 따라가는 모습이 보여요. 엄마 곰은 그 응석을 받아 주기라도 하듯이 긴 꼬리를 살랑거리며 네 발로 느릿느릿 걷고 있네요.

큰곰자리의 등부터 꼬리에 있는 별 일곱 개는 우리도 잘 알고 있는 '북두

칠성'이에요. 작은곰자리의 가장 밝은 별은 아기 곰의 꼬리 끝에 있는 '북극성'이고요.

별보다 빛나는 별자리 이야기

🌟 **반짝이는 가스 덩어리**

별은 거대하고도 뜨거운 가스 덩어리입니다. 그렇게 뜨겁기 때문에 빛나는 것이지요. 별이 뿜어내는 열은 그 중심에서 나오는데, 그곳에서는 자연적으로 생겨난 원자력 발전소처럼 에너지를 만들어 냅니다.

태양도 별입니다. 지구의 몇 천 배나 되는 태양은 아주 작은 별에 속하지요. 별들은 단지 아주 멀리 있기 때문에 조그맣게 반짝이는 점처럼 보이는 것이랍니다.

밤하늘에서 반짝이는 이 점들 가운데는 흐릿하게 퍼져 보이는 것들도 있습니다. 이들을 가리켜 '성운'이라고 부르지요.

우리가 살고 있는 지구는 수십 억 개의 별들로 이루어진 은하에 있습니다. 밤하늘에서 우리가 보는 모든 별들이 이 은하의 별들이지요. 은하수

▲ 우리은하의 모습

는 멀리 떨어져 있는 수많은 별들이 내는 빛입니다. 우리가 살고 있는 우리 은하는 가운데가 불룩한 원반 형태로, 이 불룩한 것에서 두 개의 나선 팔이 나와 둘레를 휘감고 있습니다. 우리은하는 별들로 이루어진 커다란 섬이며, 우주에 존재하는 수십억 개의 은하 가운데 하나일 뿐입니다.

처녀자리의 진짜 주인공은?

처녀자리의 주인공에 대해서는 여러 가지 이야기들이 있습니다. 고대 그리스에서는 처녀자리가 정의의 여신 아스트라에아를 상징한다고 말하기도 했습니다.

혹은 이카리오스 왕의 딸인 에리고네라고 말하는 사람들도 있었습니다. 포도주의 신 디오니소스로부터 받은 포도주 선물이 두 부녀에게 화를 불러왔는데, 이카리오스가 술 취한 목동들에게 살해되자 에리고네는 큰 슬픔에 빠져 스스로 목숨을 끊었습니다.

그것을 불쌍히 여긴 디오니소스가 그녀를 별자리로 만들었다는 이야기가 전해져 오지요.

▲ 아버지의 죽음을 슬퍼하며 목숨을 끊는 에리고네
리즈네, 〈에리고네〉

여름철의 별자리

사자자리 · 백조자리 · 천칭자리
뱀주인자리 · 궁수자리 · 용자리

LYRA
리라자리
아내를 잃은 오르페우스의 악기

오르페우스는 그리스 최고의 시인이자 음악가였어요. 그가 리라(고대 그리스의 작은 현악기 - 옮긴이 주)를 타며 노래를 하면 사람과 동물, 나무와 꽃까지도 귀를 기울였어요. 그도 그럴 것이 오르페우스는 예술의 신 아폴론과 예술의 여신인 무사이 여신들 중 칼리오페의 아들이었습니다. 그의 리라는 헤르메스가 거북 껍질과 소가죽으로 만들어서 아폴론에게 선물한 것으로 아버지 아폴론에게 물려받은 것이었지요.

오르페우스는 숲의 님프 에우리디케와 사랑에 빠져 결혼을 했지요. 둘은 너무나 행복했습니다. 그러던 어느 날, 들판에 나간 에우리디케가 양치기를 피해 달아나다가 그만 독사에게 물려 죽고 맙니다.

슬픔에 괴로워하던 오르페우스는 어려운 결심을 하기에 이르러요. 그것은 바로 아내를 구하기 위해 지하 세계로 가는 것이었지요. 그는 리라를 품에 안고 저승길에 오릅니다.

헤르메스에게 들은 대로 지하 세계로 가는 길은 매우 힘들고 험난했습니다. 아흐레 밤낮을 땅속으로 떨어져 내려간 다음, 스틱스 강을 건너야 겨우 지하 세계의 입구에 도착할 수 있었지요.

하지만 강을 건나는 일도 만만치 않았습니다. 스틱스 강의 뱃사공 카론은 죽은 자가 오면 배 삯을 받고 강을 건너 주고 산 자가 저승에 오면 배를 젓는 노로 내려치는 일을 했거든요. 하지만 오르페우스는 아름다운 리라 연주로 카론을 설득해 무사히 강을 건넜습니다.

오르페우스는 이제 지하 세계 문을 지키는 머리 셋 달린 괴물 개 케르베로스 앞에 섰습니다. 하지만 달콤한 리라 소리에 케르베로스도 조용히 잠이 들고 말았지요.

저승의 문을 지나 혼령의 무리를 헤치고 오르페우스는 드디어 하데스와 페르세포네를 만났습니다. 오르페우스는 정중한 인사와 함께 산 자인 자신이 지하 세계까지 온 이유를 설명했습니다. 바로 자신의 사랑하는 아내 에우리디케를 구하기 위해서 라고요. 그러고는 리라 연주를 곁들여 노래를 불

렀습니다.

　무시무시한 비명과 뜨거운 불꽃이 뿜어져 나오는 지하 세계에 갑자기 지상의 따뜻함과 포근함이 밀려들었습니다. 차가운 심장을 가진 하데스의 눈에는 눈물이 고일 듯 말 듯했고, 페르세포네는 잠시 자신이 어머니 데메테르 옆에 있다고 착각했습니다. 지옥의 형벌을 내리는 저승사자들도, 그 벌을 받는 죄인들도 모두 오르페우스의 리라와 노랫소리가 들리는 동안에는 행복에 젖어들었지요.

　오르페우스의 음악에 감동한 하데스는 저승사자를 시켜 에우리디케를 데려오도록 했습니다. 그러고는 오르페우스에게 아내를 데리고 가는 것을 허락했습니다. 단, 지하 세계를 벗어날 때까지는 에우리디케의 얼굴을 보아서는 안 된다고 했지요.

　오르페우스가 먼저 하데스의 궁전을 나섰습니다. 에우리디케는 남편의 뒤를 따랐지요. 남편은 몇 번이고 아내가 뒤따라오는지 확인하고 또 확인했습니다.

　그렇게 또 아흐레 밤과 낮을 거슬러 둘은 이제 저만치 빛이 보이는 지상 가까이에 다다랐습니다. 보고 싶던 마음을 참아오던 오르페우스는 이제 다 왔다고 생각하자 저도 모르게 아내를 보기 위해 고개를 돌리고 말았습니다.

앗! 안타까운 외마디 비명이 끝나기도 전에 에우리디케는 다시 지하 세계로 떨어지고 말았습니다. 손을 뻗어 보았지만 잡히는 것은 땅속의 차가운 공기뿐이었지요.

오르페우스는 다시 발길을 돌려 스틱스 강으로 갔습니다. 하지만 뱃사공 카론은 더 이상 저승으로 가는 배에 오르게 해 주지 않았습니다.

지상으로 나온 오르페우스는 슬픔에 빠져 먹지도 자지도 않은 채 일곱 달을 동굴 속에서 지내다가 세상을 떠나고 말았습니다. 주인을 잃은 리라에서는 슬픈 음악이 계속 흘러나왔지요. 이를 가엾게 여긴 제우스는 오르페우스의 리라를 거두어 밤하늘에 올려 주었습니다. 이것이 바로 '리라자리(거문고자리)'이지요.

별이 된 리라는 지금도 여름 밤하늘에서 아름다운 음악을 연주하며 주인의 슬픈 사랑 이야기를 들려주고 있습니다. 리라자리의 가장 밝은 별인 '베가'는 리라의 아래쪽에 있는 것으로 '떨어지는 독수리'라는 뜻입니다. 이 별은 하늘에서 네 번째로 밝지요.

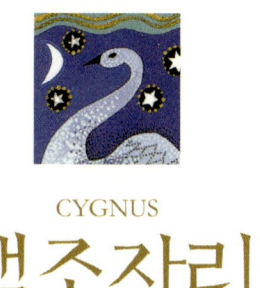

CYGNUS
백조자리
제우스의 변신

스파르타 틴다레오스 왕의 아내였던 레다는 아름다운 왕비였습니다. 까만 눈과 붉은 입술, 새하얀 피부, 미끄러지듯 우아한 발걸음은 마치 한 마리의 백조를 생각나게 했지요. 그녀의 아름다움은 인간 세계는 물론 신들에게도 전해졌어요.

최고신 제우스도 그녀에게 반하고 말았지요. 제우스는 레다에게 사랑을 고백하기 위해 몇 날 며칠을 고민하다가 사랑의 여신 아프로디테에게 자신의 고민을 털어놓습니다. 그러고는 여신과 머리를 맞대 방법을 찾아냈습니다. 그것은 바로 변신이었지요.

노을이 아름답던 어느 저녁에 아프로디테는 독수리로, 제우스는 백조로 변신해 스파르타로 날아갔습니다. 백조 제우스는 레다 왕비가 호수가 보이는 창가에 앉아 있는 것을 보고는 물 위에 사뿐히 내려앉았습니다. 백조는 우아하고도 느린 움직임으로 레다의 눈길을 사로잡았습니다. 그러고는 독수리 아프로디테에게 신호를 보냈지요.

그러자 독수리가 갑자기 빠른 속도로 날아오더니 백조를 무섭게 공격하기 시작했습니다. 백조가 새하얗고 커다란 날개를 퍼덕이며 어쩔 줄 몰라 하자, 레다는 백조를 가엾게 여겨 두 팔을 벌려 백조를 불렀습니다.

백조 제우스는 이때다 하고는 레다의 품으로 뛰어들었습니다. 레다 역시 최고신 제우스에게 반해 둘은 이내 사랑에 빠져 버렸습니다. 제우스는 무서운 아내 헤라에게 들킬 것을 걱정해, 레다를 만나러 갈 때면 백조로 변신하여 올림포스 산을 빠져 나오곤 했지요. 이때의 백조의 모습이 별자리가 되었고, 이것이 바로 '백조자리'입니다.

한편, 제우스와 사랑을 나눈 레다는 두 개의 알을 낳았습니다. 알 하나에서는 카스토르와 폴리데우케스 형제가, 다른 하나에서는 클리타임네스트와 헬레네가 태어났지요. 훗날 카스토르와 폴리데우케스는 로마를 지키는 위대한 영웅이 되었고, 헬레네는 온 세상이 인정하는 눈부신 미인으로 트로이아 전쟁의 원인이 되었답니다.

셀 수 없이 많은 별들이 은하수를 밝히고 있습니다. 이 은빛 길을 따라 날개를 활짝 펼친 백조가 날아갑니다.

백조자리에서 가장 밝은 별은 꼬리 쪽의 '데네브'입니다. 그리고 그 다음으로 밝은 별은 백조의 눈에서 빛나는 '알비레오'입니다. 아내 헤라 여신 몰래 연인에게 날아가려면 눈이 좋아야 하니까요.

SCORPIUS
전갈자리
사냥꾼을 잡은 동물

　바다의 신 포세이돈과 고르곤 자매 중 하나인 에우리알레의 아들 오리온은 거만하고 건방진 청년이었습니다. 오리온은 자신이 세상에서 제일가는 사냥꾼이며 세상의 모든 동물을 잡을 수 있다고, 오만하기 짝이 없는 말을 떠들고 다녔습니다. 이 이야기를 들은 올림포스 신들은 그를 매우 괘씸하게 여겼지요.

　모두가 오리온을 미워했지만 그 누구도 포세이돈의 아들을 함부로 대할 수는 없었지요. 게다가 잘생긴 외모 때문에 몇몇 여신들은 그를 매우 사랑했습니다. 새벽의 여신 에오스는 오리온을 향한 짝사랑 때문에 애를 태웠고, 사냥에만 관심이 있었던 아르테미스는 오리온과 연인이 됩니다.

하지만 여신이라고 다 그를 좋아한 것은 아니었나 봅니다. 오리온을 향한 헤라의 분노는 하늘을 찌를 듯했거든요. 더 이상 그의 거만함을 참지 못한 여신은 한 마리 거대한 전갈을 오리온에게 보냈습니다.

최고의 사냥꾼도 여신의 힘 앞에서는 어쩔 수 없었습니다. 오리온은 독이 있는 전갈의 꼬리에 찔려 허무하게 죽고 말았습니다. 헤라 여신은 오만하고 거만한 사냥꾼 오리온을 죽인 큰 전갈의 공을 높이 사 그를 밤하늘로 불러 올려 별로 만들어 주었습니다. 이것이 바로 '전갈자리'이지요. 그리고 오리온도 '오리온자리'가 되어 밤하늘을 장식하게 되었습니다.

휘황찬란한 전갈자리는 보석이 알알이 박힌 장신구가 깜깜한 밤하늘에 박혀 있는 것처럼 보입니다. 이 불길한 생명체는 금방이라도 꼬리 끝에 달린 위협적인 침으로 공격할 것처럼 몸을 갈고리 모양으로 구부린 채 남쪽 하늘에 매달려 있지요. 전갈자리 한복판을 장식하고 있는 것은 타는 듯이 붉은 색깔의 별입니다. 이 커다란 별의 이름은 '안타레스'이고 '전갈의 심장'이라는 뜻입니다.

전갈자리가 동쪽 하늘에서 떠오르면 오리온자리는 서쪽 지평선 너머로 져 버립니다. 오리온은 별이 된 뒤에도 자신의 목숨을 앗아간 전갈이 두려웠던 것일까요?

OPHIUCHUS
뱀주인자리
죽은 자를 되살린 천재 의사

아폴론과 테살리아의 공주 코로니스는 서로 사랑에 빠져 부부가 되었습니다. 남편은 아내에게 사랑의 증표로 은색 까마귀를 선물했습니다. 부부는 까마귀로 하여금 하늘과 땅을 오가며 서로의 안부를 전하도록 했습니다.

그러던 어느 날, 우연히 까마귀의 눈에 코로니스가 한 남자와 특별히 친하게 지내는 모습이 보였습니다. 까마귀는 곧바로 아폴론에게 날아갔습니다. 그러고는 코로니스가 다른 남자와 사랑에 빠졌다고 말해 버렸지요.

너무나 화가 난 아폴론은 그 길로 땅으로 내려가 코로니스를 화살로 쏘고 말았습니다. 그제야 코로니스의 불룩한 배가 눈에 들어왔습니다. 그녀는 자신의 아이를 가진 상태였지요. 퍼뜩 정신을 차린 아폴론은 아내의 주검을 보고 슬픔에 빠졌습니다. 아폴론은 땅을 치며 후회했지만 코로니스는 이미 저 세상 사람이 된 뒤였지요.

아폴론은 죽은 아내의 몸에서 아기를 꺼내고, 아기에게 아스클레피오스라는 이름을 지어 주었습니다. 그러고는 영웅들의 스승으로 유명한 케이론에게 아들을 맡겼지요. 아스클레피오스는 케이론 밑에서 똑똑하고 총명한 젊은이로 자라났습니다. 게다가 의술을 열심히 공부해 훌륭한 의사가 되었습니다. 그 실력을 넘어설 자가 없을 정도로요.

하지만 그의 뛰어난 실력이 신들의 분노를 사고 말았습니다. 바로 전차 사고로 죽은 아테네 왕 테세우스의 아들 히폴리토스를 살려 냈기 때문입니다. 제우스는 어떤 신도 인간의 삶과 죽음을 마음대로 할 수는 없는 일이라며 번개를 던져 아스클레피오스를 죽여 버렸습니다. 하지만 제우스는 아스클레피오스의 의술만은 기리려고 별자리로 만들어 주었습니다. 이것이 '뱀주인자리'이지요.

아스클레피오스는 커다란 뱀을 들고 있습니다. 뱀은 몇 번이나 허물을 벗고 새 모습으로 탈바꿈한다고 해서 재생의 힘, 즉 의술을 상징하게 되었지요. 뱀주인자리에서 가장 밝게 빛나는 별은 바로 그의 머리에 있습니다. 마치 그가 행하는 의술이 모두 그의 총명한 머릿속에 있다는 듯이요.

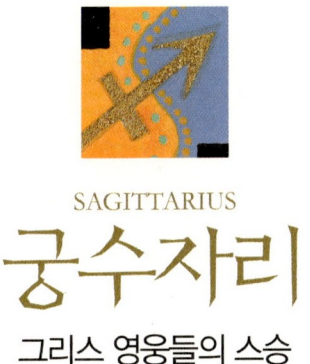

SAGITTARIUS
궁수자리
그리스 영웅들의 스승

거인족 티탄 신들의 왕인 크로노스와 님프 사이에서 태어난 케이론은 상반신은 사람이고, 하반신은 말의 모습을 한 반인반마였어요. 게다가 아버지가 최고신이고 어머니는 님프였으니 신의 특성을 타고난 반신이었지요. 그래서 그는 어떠한 상처를 입거나 공격을 당해도 죽지 않는 불사의 몸이었습니다.

원래 반인반마인 켄타우로스들은 산과 들을 돌아다니며 활을 쏘는 거친 종족이에요. 하지만 케이론은 달랐습니다. 온순하고 지혜로웠지요. 그는 예술의 신 아폴론과 사냥의 여신 아르테미스로부터 음악과 의술, 사냥술, 예언술을 배운 뒤 페리온 산의 동굴에 살면서 그리스의 내로라하는 영웅들을 가르쳤어요.

그리스 최고의 영웅 헤라클레스와 트로이아 전쟁의 영웅 아킬레우스, 아르고 원정대의 이아손, 천재 의사 아스클레피오스, 그리고 제우스의 쌍둥이 아들 카스토르와 폴리데우케스도 모두 케이론의 제자였지요. 이렇게 유명한 제자들을 둔 현명한 스승이었지만, 제자 중 하나 때문에 자신의 삶이 달라질 것은 알지 못했습니다.

영웅 헤라클레스는 아르고스의 왕 에우리테우스가 네 번째 과제로 낸 에리만토스의 멧돼지를 잡아야 했어요. 멧돼지가 나타나는 숲은 켄타우로스족이 사는 곳으로, 케이론이 지도자 자리에 앉은 뒤부터 여러 부족이 싸움 없이 평화롭게 지내고 있었어요.

헤라클레스는 멧돼지를 잡기 전에 켄타우로스 족이 접대한 술을 마시게 되었어요. 그런데 술을 반긴 건 헤라클레스가 아니었어요. 케이론 때문에 술을 입에 댈 수 없었던 다른 켄타우로스들이 술을 보자마자 이성을 잃고 달려들기 시작했습니다.

그렇게 시간이 흐르자 켄타우로스들은 거나하게 취해 제우스신을 비꼬는 말을 내뱉었어요. 제우스가 누구이던가요? 바로 헤라클레스의 아버지가 아니었던가요.

헤라클레스는 너무나 화가 나 활을 쏘고 말았어요. 그런데 그의 화살이 너무나 세고 빨랐던 나머지, 한 켄타우로스의 팔을 맞히고는 저 멀리 떨어져 있던 케이론에게까지 날아가고 말았지요. 케이론은 큰 상처를 입었습니다.

헤라클레스의 화살에는 괴물 히드라의 독이 묻어 있었어요. 히드라의 독은 매우 강력해서 보통 사람이 맞으면 순식간에 죽음에 이르지요. 켄타우로스들은 케이론이 화살을 맞은 것을 보고도 별로 놀라지 않았어요. 그는 반신이고 죽지 않는 불사의 몸인데다가 아폴론으로부터 의술을 배웠으니 자신의 상처를 쉽게 치료할 수 있을 것이라 생각했지요. 하지만 화살을 맞은 케이론은 죽지도 못하고 영원히 고통 속에 갇혀 지내야 했어요.

괴로움을 견딜 수 없었던 케이론은 마침내 제우스신에게 죽음을 간청했어요. 제우스는 그에게서 죽지 않는 불사의 삶을 거두어 프로메테우스에게 주고, 케이론에게는 편안한 죽음을 선물했지요.

현명하고 지혜로운 케이론이 못내 안타까웠던 제우스는 많은 영웅을 키운 그의 공을 높이 사 그를 하늘로 불러올렸어요. 그리고 별로 만들어 주었지요. 이것이 바로 '궁수자리(사수자리)'랍니다.

여름 밤하늘, 반은 인간이고 반은 말인 켄타우로스 케이론이 은하수를 따라 또각또각 소리를 내며 걷고 있습니다. 마치 수많은 제자들을 이끌고 있는 것 같지요. 케이론이 별이 된 것은 아르고 호를 타고 황금 양털을 찾으러 떠났던 제자들을 안내하기 위해서라는 다른 이야기도 있답니다.

DRACO
용자리
황금 사과를 지키는 괴물

　헤라클레스는 아르고스 왕이 내준 과제를 착실히 수행했습니다. 네메아의 사자를 죽이고, 레르네의 히드라를 없애고, 케리네이아의 사슴을 잡고, 에리만토스의 멧돼지를 잡는 것에 뒤이어 하루 만에 아우게이아스의 외양간에 쌓인 소똥을 치웠습니다.

　영웅을 시련에 빠뜨리는 아르고스 왕의 과제는 계속되었습니다. 과제는 점점 더 어렵고 힘들어졌지요. 스팀팔로스의 새를 쫓아야 했고, 크레타 섬의 황소를 끌고 와야 했고, 트라키아의 인육을 먹는 암말들을 데려와야 하는가 하면, 아마존의 여왕 히폴리테의 허리띠를 가져와야 했지요.

　헤라클레스가 이렇게 힘든 과제를 해야 했던 이유 중 하나는 헤라 여신 때문이기도 했습니다. 남편 제우스가 다른 여자와 사랑에 빠져 낳은 아이인 헤라클레스가 그녀의 눈에 곱게 보였을 리가 없었지요. 게다가 감히 자신의 젖을 먹고 죽지 않는 불사의 몸이 되다니요! 그녀는 자신의 복수를 대신해 줄 사람으로 아르고스 왕을 선택했던 것입니다.

에리테이아 섬에서 게리온의 소 떼를 몰고 오는 것에 이은 열한 번째 과제는 바로 헤스페리데스 님프들이 지키는 나무에서 황금 사과를 따오는 것이었습니다.

그런데 이 무슨 운명의 장난인지, 황금 사과가 열리는 나무는 바로 헤라가 가이아에게 결혼 선물로 받은 것이었습니다. 나무가 있는 곳은 오직 신들만이 갈 수 있는 곳이었지요.

사과나무는 헤라 여신이 아끼는 용, 라돈이 지키고 있었습니다. 용은 뱀의 여신 에키드나의 아들로, 헤라클레스가 죽인 히드라와 네메아의 사자와 형제지간이었지요. 라돈이 헤라클레스를 본다면 더더욱 미쳐 날뛸 것임에 틀림이 없었습니다. 이번 과제에는 여러 가지로 헤라클레스에게 불리한 조건들만 잔뜩 도사리고 있었습니다.

어쨌든 헤라클레스는 그곳에 가기 위해 제우스의 무시무시한 벌을 받고 있는 프로메테우스를 구해 줍니다. 프로메테우스는 인간에게 불을 건네준

죄로 독수리에게 간을 쪼이는 벌을 받고 있었거든요.

　프로메테우스는 자신을 구해준 것에 대한 보답으로 헤라클레스에게 동생 아틀라스만이 나무가 있는 곳에 갈 수 있다고 알려줍니다. 그리고 말재간이 좋은 동생에게 속지 않을 계책도 일러 주었지요.

　헤라클레스는 아틀라스에게 간 뒤 그가 메고 있는 하늘 축을 잠시 들어 줄 테니 황금 사과를 가져다 줄 수 있겠냐고 부탁했어요. 아틀라스는 흔쾌히 하늘 축을 헤라클레스에게 넘기고 눈 깜짝할 사이에 황금 사과를 따 왔지요.

　아틀라스는 헤라클레스를 비웃었어요. 자신은 천 년 동안 그 무거운 하늘 축을 대신 들어줄 사람을 기다렸는데, 덩치만 컸지 미련한 헤라클레스가 자신의 꾀에 속아 넘어갔다고요.

　헤라클레스는 깊은 한숨을 쉬며 아틀라스에게 마지막 부탁을 합니다. 자신이 오른손잡이이니 왼쪽에 짊어진 하늘 축을 오른쪽으로 옮길 수 있도록 도와달라고요. 아틀라스는 황금 사과를 바닥에 내려놓고 헤라클레스에게 하늘 축을 옮겨 받습니다. 헤라클레스는 때를 놓치지 않았습니다. 그는 잽싸게 빠져나와 황금 사과를 들고 아르고스 왕에게 무사히 돌아가지요.

　제우스는 자신의 아들이 무사히, 그리고 재치 있게 과제를 수행한 것이

기뻐서 황금 사과나무를 지키던 용을 하늘에 올려 별로 만들어 주었습니다. 헤라의 화도 누그러뜨릴 겸해서요. 이것이 바로 '용자리'이지요.

   새빨간 눈을 가진 용이 비늘로 뒤덮인 긴 몸으로 하늘을 휘감고 있습니다. 조심해요, 불을 뿜을지도 모른답니다. 그저 별자리일 뿐이라고요? 별들이 반짝이는 하늘은 마법과도 같은 곳이니, 별들이 반짝거리는 맑은 밤이면 그 마법에 걸리게 될지도 모르지요.

   용자리의 가장 밝은 별은 용의 꼬리 부분에서 밝게 빛나고 있어요. 아주 오래전에는 이 별을 북극성 대신 사용하기도 했대요.

별보다 빛나는 별자리 이야기

✦ 밤하늘의 숨은 그림

　약 오천 년 전, 바빌로니아 지역에 사는 유목민들은 밤하늘의 별들을 서로 이어서 여러 가지 동물의 이름을 붙였어요. 그 뒤 그것이 고대 그리스로 전해져서 사람들은 그리스 신화에 나오는 신과 동물, 사물 등을 별자리 이름으로 붙이게 되었지요.

　사람들은 원래 별자리를 밝은 별들이 만드는 무늬라고 여겼습니다. 나중에는 그 생각을 기반으로 주요 무늬 주변의 하늘을 포함시키게 되었지요.

　점점 더 많은 별이 발견되면서, 천문학자들이 그 어두운 별들이 어느 별자리에 속하는지에 관해 연구를 하기 시작했어요.

▲ 고대의 별자리 지도

1930년, 천문학자들은 전체 하늘을 88개의 별자리로 나누기로 했지요. 모든 별, 성단, 성운, 은하는 이 별자리들 가운데 하나에 속한답니다.

왜 계절마다 별자리가 달리 보이는 걸까요?

태양은 지구가 24시간마다 한 번씩 회전하는 까닭에 매일 뜨고 집니다. 태양과 마찬가지로 동쪽에서 떠서 서쪽으로 지는 별들도 있답니다. 매일 밤, 이 별들은 전날 밤보다 약 4분 일찍 뜹니다. 이것은 밤하늘의 별자리가 주마다, 달마다 서서히 바뀐다는 뜻이지요. 여름에 볼 수 있는 별자리는 겨울이 되면 볼 수가 없는 것이지요.

또 지구 어느 곳에 있는지에 따라 볼 수 있는 별자리가 달라집니다. 적도에 있는 게 아니라면, 몇몇 별들은 늘 지평선 아래에 숨어 있지요. 예를 들어, 만약 여러분이 유럽이나 북아메리카에 있다면 공작자리나 남십자자리는 결코 볼 수 없어요. 만약 오스트레일리아에 있다면 큰곰자리나 작은곰자리는 절대 볼 수가 없고요.

하지만 별들 가운데는 북극이나 남극 주위를 돌며 결코 지지 않는 것들도 있습니다. 그 별들이 보일 만큼 먼 북쪽이나 남쪽에 사는 사람들은 맑게 갠 밤이면 일 년 내내 이들을 볼 수 있답니다.

▲ 남십자자리

가을철의 별자리

안드로메다자리 · 페가수스자리
물고기자리 · 양자리 · 돌고래자리

ANDROMEDA
안드로메다자리
별이 된 사람들

　에티오피아의 왕 케페우스에게는 아름다운 왕비 카시오페이아와 그보다 더 아름다운 공주 안드로메다가 있었어요. 카시오페이아는 자신이 아름답다는 것을 너무나 잘 알고 있어서 그것을 뽐내기를 좋아했지요. 그녀는 매우 오만하고 거만했어요. 그래서 자신의 아름다움이 바다 님프들인 네레이스의 그것을 넘어선다고 자랑하고 다녔지요.

　감히 신들의 아름다움에 도전하다니요! 그 이야기를 듣고 화가 난 네레이스는 바다의 신 포세이돈에게 그들을 벌해 달라고 부탁했지요. 포세이돈은 에티오피아를 쑥대밭으로 만들 엄청난 홍수와 해일을 일으킵니다. 그것으로도 모자랐는지 바다의 신은 괴물 고래 케투스를 보내기에 이르지요.

케페우스 왕은 신들의 화를 가라앉히기 위해 어떻게 할지 신탁을 구했어요. 돌아온 대답은 딸을 괴물 고래에게 바치라는 것이었지요. 왕은 귀한 딸을 제물로 바치는 것이 안타까웠지만 나라를 지키기 위해서 주저 없이 안드로메다를 바닷가 절벽에 묶었어요.

가엾은 안드로메다 공주는 눈물만 흘리며 죽을 때를 기다렸어요. 그러던 어느 날, 날개 달린 말을 탄 멋진 청년이 하늘을 가로질러 공주에게 날아왔습니다. 그는 제우스와 다나에의 아들 페르세우스였지요.

페르세우스는 어머니를 구하기 위해 무시무시한 메두사를 처치하고 집으로 돌아가던 길이었습니다. 그는 에티오피아를 지나다가 안드로메다 공주를 보고 첫눈에 반해 버리고 말았지요. 안드로메다의 안타까운 사연을 들은 페르세우스는 어떻게든 그녀를 구해야겠다고 결심했습니다. 그러고는 바위 그늘에 숨어 고래를 기다렸어요.

이윽고 바닷속에서 거대한 고래가 나타났어요. 높은 파도 위에 선 것은 고래라기보다는 비늘로 뒤덮인 거대한 괴물이었습니다. 페르세우스는 너무나 두려웠습니다. 마치 메두사를 다시 마주한 것 같은 기분이 들었지요.

그는 용기를 내 번쩍이는 검을 휘둘렀고, 단칼에 고래의 목을 벴습니다.

고래가 죽어가면서 지른 비명은 멀리 떨어진 새들의 귀를 멀게 만들었고,

흘린 피는 온 바다를 새빨갛게 물들였지요.

케페우스 왕은 딸을 구하고 나라를 구해 준 페르세우스를 사위로 맞아들였습니다. 안드로메다는 페르세우스와 결혼해서 오랫동안 행복하게 살다가 죽음을 맞이했어요.

아테나 여신은 멋진 영웅과 아름다운 공주를 밤하늘 별로 불러 올렸어요. 그것이 바로 '페르세우스자리'와 '안드로메다자리'이지요.

사랑하는 사람이 자신을 구해주기를 간절히 바라는 안드로메다 공주의 모습이 밤하늘에서 반짝이고 있어요. 공주를 묶고 있는 쇠사슬 바로 옆으로는 나선형의 은하가 있습니다. '안드로메다은하'는 수많은 별들이 모여 있는 또 하나의 우주이지요.

별이 된 것은 이들뿐만이 아니에요. 포세이돈은 맡은 일을 열심히 한 괴물 고래 케투스를 가엾게 여겨 하늘로 불러 올렸어요. 그

것이 바로 '고래자리'이지요. 고래의 등에는 기막히게 멋진 별, 미라가 있습니다. 등지느러미 옆에서 붉게 빛나는 별 '미라'를 보세요. 미라는 점점 어두워지다가 결국 시야에서 사라진답니다. 그러다 다시 천천히 밝아지지요. 일 년쯤 지나면 원래의 밝기로 돌아오는데, 결국 다시 어두워지기 시작합니다.

포세이돈은 허영심 때문에 자신의 딸을 희생시킬 뻔 한 케페우스 왕과 카시오페이아 왕비도 별로 만들어 주었습니다. 이것이 '케페우스자리'와 '카시오페이아자리'입니다. 포세이돈의 화는 그들이 죽어서도 풀리지 않았는지 카시오페이아를 밤하늘에 거꾸로 매달아 놓았어요. 카시오페이아자리는 W 모양의 눈부신 별자리입니다.

날씨가 서늘해지는 가을이 오면 밤하늘을 바라보며 이들이 들려주는 아름답고도 슬픈 이야기에 귀를 기울여 보세요.

PEGASOS
페가소스자리
하늘을 나는 말

바다의 신 포세이돈은 바다의 님프 메두사와 사랑하는 사이였습니다. 그녀가 아테나 여신의 저주를 받아 끔찍한 괴물로 변했어도 그의 사랑은 변하지 않았지요. 하지만 그 사랑도 그리 오래가지는 못했습니다. 바로 영웅 페르세우스 때문이었지요.

페르세우스는 어머니를 지키기 위해 메두사를 잡아야만 했어요. 헤르메스의 낫과 아테나의 방패를 가진 그는 모두가 두려워하는 괴물의 머리를 단칼에 베어 내고 말았지요.

바다는 메두사가 흘린 피로 붉게 물들었어요. 바다의 신은 너무나 슬퍼하며 그녀의 피를 받아들였지요. 피와 바닷물이 만나자 그 속에서 둘의 자식이 태어났어요. 하나는 훗날 이베리아 전역을 다스리는 왕이 된 크리사오르였고, 다른 하나는 날개 달린 말 페가소스였지요.

페르세우스는 페가소스를 타고 고향으로 돌아갔어요. 그리고 페가소스와 메두사의 머리를 아테나 여신에게 바쳤지요. 그 뒤 페가소스는 무사이 여신들에게 넘겨졌고 자유를 얻게 되었어요. 지상과 하늘을 뛰어다니고 날아다니며 인간이 자신에게 접근하는 것을 허락하지 않았지요.

하지만 그 페가소스를 정복한 사람이 있었으니, 바로 포세이돈의 또 다른 아들 벨레로폰이었어요. 그는 잘생긴 외모와 뛰어난 무술 실력 그리고 누구도 따라올 수 없는 용기를 갖춘, 헤라클레스 이전의 가장 위대한 영웅이지요. 그가 얼마나 위대했는고 하니, 페가소스를 붙잡아 마음대로 부릴 수 있을 정도였지요.

벨레로폰이 아르고스 왕 프로이토스 밑에서 있을 때 왕비 안테이아가 그에게 사랑을 고백했습니다. 하지만 명예를 소중히 여겼던 벨레로폰은 그것을 거절했지요. 부끄럽기도 하고 화도 난 안테이아는 왕에게 벨레로폰이 자신을 유혹했다고 거짓말을 합니다.

왕은 매우 화가 났지만 차마 자신의 손으로 손님을 죽일 수가 없어서 장인에게 벨레로폰을 죽여 줄 것을 부탁했지요.

안테이아의 아버지이자 리키아의 왕인 이오바테스는 벨레로폰에게 나라를 어지럽히는 괴물 키마이라를 죽여 달라는 부탁을 해요. 키마이라는 사자와 염소 머리를 가진, 입에서 불을 뿜는 무서운 괴물이어서 아무리 힘이 센 벨레로폰이라 할지라도 당해 낼 수 없으리라 생각했어요. 하지만 벨레로폰은 페가소스를 타고 날아가서 키마이라를 쉽게 없애 버렸답니다.

이오바테스는 벨레로폰에게 점점 더 어려운 과제를 줍니다. 이번에도 그는 페가소스의 도움으로 모든 어려움을 극복하고, 이오바테스의 다른 딸과 결혼을 하게 되지요.

벨레로폰은 자신의 성공에 들떠 오만해지고 말았어요. 그는 자신이야말로 신이 될 자격이 있다고 생각하여 페가소스를 타고 하늘에 오르려고 했지요. 화가 난 제우스는 등에 한 마리를 보내 페가소스의 엉덩이를 찌르게 했습니다. 그러자 페가소스는 갑자기 난폭해져서 벨레로폰을 흔들어 떨어뜨리고는 그대로 하늘로 가 버리고 말았습니다. 그는 절름발이에 장님이 되고 말았지요.

이때 하늘로 올라간 페가소스는 제우스의 번개를 나르는 군마로 있다가 마침내는 별이 되었어요. 이것이 바로 '페가소스자리'랍니다.

천마 페가소스가 새하얀 날개를 펼치고 가을 밤하늘을 우아하게 날고 있습니다. 가장 밝은 별은 날개가 시작되는 부분에 있는 '마르카브'로, 말안장이라는 뜻입니다.

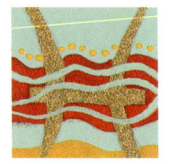

PISCES
물고기자리
물을 피해 도망가는 아프로디테 모자

    티탄 신들을 이끄는 크로노스는 누이 레아와 결혼하여 일곱 남매 신을 낳습니다. 그들이 바로 제우스와 올림포스 신들이지요.

    오래된 것은 새로운 것에 밀려나고, 약한 것은 강한 것에게 정복당하는 법. 제우스를 비롯한 올림포스 신들은 티탄 신들과 무섭고도 끔찍한 전쟁을 벌입니다.

    이 전투에서 제우스는 티탄 신들을 상대로 올림포스 신들을 승리로 이끌었습니다. 티탄 신들은 타르타로스에 가두어 버리지요. 그런 다음 제우스는 올림포스 신들과 님프들을 불러 모아 나일 강가에서 승리를 축하하는 잔치를 벌였어요.

티탄들의 어머니인 가이아는 당황했습니다. 비록 자신이 제우스에게 힘을 실어 주기는 했지만, 티탄 신들을 굳이 타르타로스에 가둘 것까지는 없었잖아요. 게다가 승리의 잔치를 열어 그들을 약올리다니요. 그녀는 점점 더 화가 났습니다. 결국 가이아는 괴물 티포테우스를 낳아 올림포스 신들을 공격하게 했습니다.

괴물은 몸집이 어마어마하게 크며 반은 사람이고 반은 뱀의 모습을 하고 있었지요. 두 팔을 벌리면 동쪽과 서쪽의 끝까지 닿고, 양 어깨에는 뱀 머리 백 개가 솟아 나왔으며, 검은 혀에서는 천둥소리가 들렸어요. 산을 들어 올릴 정도로 힘도 셌지요.

아무리 신들이지만 가이아가 만들어 낸 이 괴물을 보고 당황하지 않을 수가 없었지요. 이 갑작스럽고도 무시무시한 침입자 때문에 신들은 놀라서 뿔뿔이 흩어져 도망치기 시작했습니다. 잔치장은 이내 아수라장으로 변했습니다.

신들은 제우스를 제외하고는 모두 동물로 변해 도망을 쳤지요. 미의 여신 아프로디테와 그 아들 에로스는 얼른 나일 강으로 뛰어든 뒤 물고기로 변신했지요. 그리고 서로를 놓치지 않으려고 끈으로 연결했어요. 이 물고기의 모습이 하늘에 올라가 '물고기자리'가 되었답니다.

이때 반은 염소이고 반은 인간의 모습을 한 반인반수의 목신 판도 강물로 뛰어들어 물고기로 변하려 했어요. 그런데 그는 너무 당황한 나머지, 상반신은 염소이고 하반신은 물고기인 희한한 모습으로 변신하고 말았어요.

육지로 돌아온 판은 이상하게 변한 자신을 모습을 보고 매우 끔찍한 비명을 질렀고, 겁에 질린 티포테우스는 그 소리에 도망을 갔습니다.

제우스는 고마워하며 염소물고기의 형상을 하늘에 남겨 놓았습니다. 이것이 '염소자리'이지요.

온갖 곡식과 과일이 풍성한 가을날, 잔치를 벌이다가 헐레벌떡 도망가는 신들을 밤하늘에서 찾아보세요.

ARIES
양자리
아이들을 구한 황금 숫양

　보이오티아 왕 아타마스는 죽은 왕비 네펠레와의 사이에 프릭소스와 헬레 두 남매를 두었어요. 그는 얼마 뒤 새 왕비 이노를 맞아들였는데, 그녀는 프릭소스와 헬레를 무척이나 싫어했지요. 그러다가 마침내는 두 아이를 없애 버리기로 결심했어요.

　어느 해 흉년이 들자 새 왕비는 이것이 모두 왕자와 공주 때문이라고 투덜댔어요. 그러고는 제우스신께 둘을 제물로 바치면 흉작이 멈출 것이라는 거짓 신탁을 꾸며 냈지요.

　왕은 자식들을 제물로 바치고 싶지 않았지만 온 나라가 이를 알게 되자 더는 핑계를 댈 수 없었지요. 어린 프릭소스와 헬레는 제우스 신전으로 끌

려가 제단 위에 놓였습니다. 그때 갑자기 두 아이의 몸이 짙은 안개에 휩싸이더니 감쪽같이 사라지고 말았습니다.

제우스가 아이들을 제물로 거둔 것이냐고요? 아니요. 죽은 왕비 네펠레가 자신의 아이들을 구하기 위해 헤르메스에게 도움을 청했던 것이었지요. 헤르메스는 제우스에게 아이들을 자신에게 맡겨 달라고 부탁했습니다. 그러고는 황금 가죽을 가진 숫양으로 하여금 남매를 등에 태워 아득히 먼 북쪽 땅 콜키스로 가도록 했지요.

양의 등에 타고 하늘을 날던 중, 어린 헬레 공주는 그만 아시아와 유럽을 나누는 바다에 떨어지고 말았어요. 사람들은 그 뒤로 헬레가 떨어진 그곳을 '헬레스폰토스(지금의 다르다네스 해협 근처 - 옮긴이 주)'라고 불렀어요.

홀로 남은 프릭소스는 양을 타고 계속 날아가 콜키스에 무사히 도착했지요. 그는 자신을 도와준 황금 숫양을 제우스에게 바치고, 가죽은 콜키스의 왕 아에테이스에게 선물했지요. 제우스는 이 양의 공로를 높이 사 하늘의 별자리로 만들어 주었어요. 이것이 바로 '양자리'예요.

숫양이 조용히 앉아 자신의 멋진 양털을 감탄의 눈으로 바라보는 모습을 보세요. 양의 머리에는 세 개의 별이 있으며, 그 가운데 으뜸은 '하말'이라고 불리는 별이랍니다.

AQUARIUS
물병자리
신들의 음료를 따르는 가니메데스

트로이의 왕 트로스와 왕비 칼리로에게는 세 아들이 있었습니다. 아들들은 모두 미남자로, 그 가운데 가니메데스의 아름다움은 그 어떤 여인보다도 뛰어났지요. 이 소문은 사람들에게 뿐만이 아니라 하늘의 신들에게까지 퍼져나갔습니다.

어느 날 최고신 제우스도 소문을 듣게 되었습니다. 가니메데스가 얼마나 아름다운지 자신의 눈으로 직접 확인하고 싶었지요. 그는 독수리로 변하여 트로이로 날아갔습니다. 그러고는 이데 산에서 양을 치던 가니메데스를 보았습니다. 과연 소문대로 아름다운 청년이었지요. 제우스는 청년을 곁에 두고 그 아름다움을 날마다 보고 싶어졌습니다. 그래서 그는 날카로운 발톱으로 가니메데스를 붙잡아 올림포스 산으로 데려갔습니다.

한편, 제우스와 올림포스 신들은 그들의 식사 시중을 들어줄 누군가가 필요했습니다. 원래 이 일은 젊음의 신 헤베가 맡고 있었는데, 그녀가 마침 헤라클레스와 결혼하면서 이 일을 그만두게 되었거든요. 신들은 하루라도 빨리 그 일을 해 줄 이를 찾아야만 했지요. 때마침 제우스는 이 일을 할 사람으로 가니메데스를 추천했지요. 소년은 이제 제우스의 음료를 따르는 일을 하게 되었습니다. 제우스는 상으로 청년에게 영원한 젊음과 생명을 주었습니다.

이렇듯 제우스가 자신의 아들보다 가니메데스를 아끼자 헤라는 소년을 헐뜯고 괴롭히기 일쑤였습니다. 하지만 최고신은 전보다 더 가니메데스를 가까이 두었고, 아들을 잃은 트로이 왕을 위로하기 위해 죽지 않는 말 두 필과 포도나무 한 그루를 선물로 주었지요.

제우스는 훗날 소년을 밤하늘의 별자리로 만들었습니다. 이것이 '물병자리'이지요.

물병에서 폭포처럼 끊임없이 쏟아지는 신들의 음료 위로 희미한 별빛들이 반짝거립니다. 저 물병의 음료를 마시면 우리도 무엇이든 할 수 있고, 무엇이든 될 수 있는 신이 될 수 있을까요?

별보다 빛나는 별자리 이야기

▲ 북쪽 하늘

☀ 북쪽 하늘에서도, 남쪽 하늘에서도

천구의 북극과 남극을 중심으로 북쪽 하늘과 남쪽 하늘에서 관찰할 수 있는 별자리를 살펴볼까요? (✚ 이 표시는 천구의 극을 나타냅니다.)

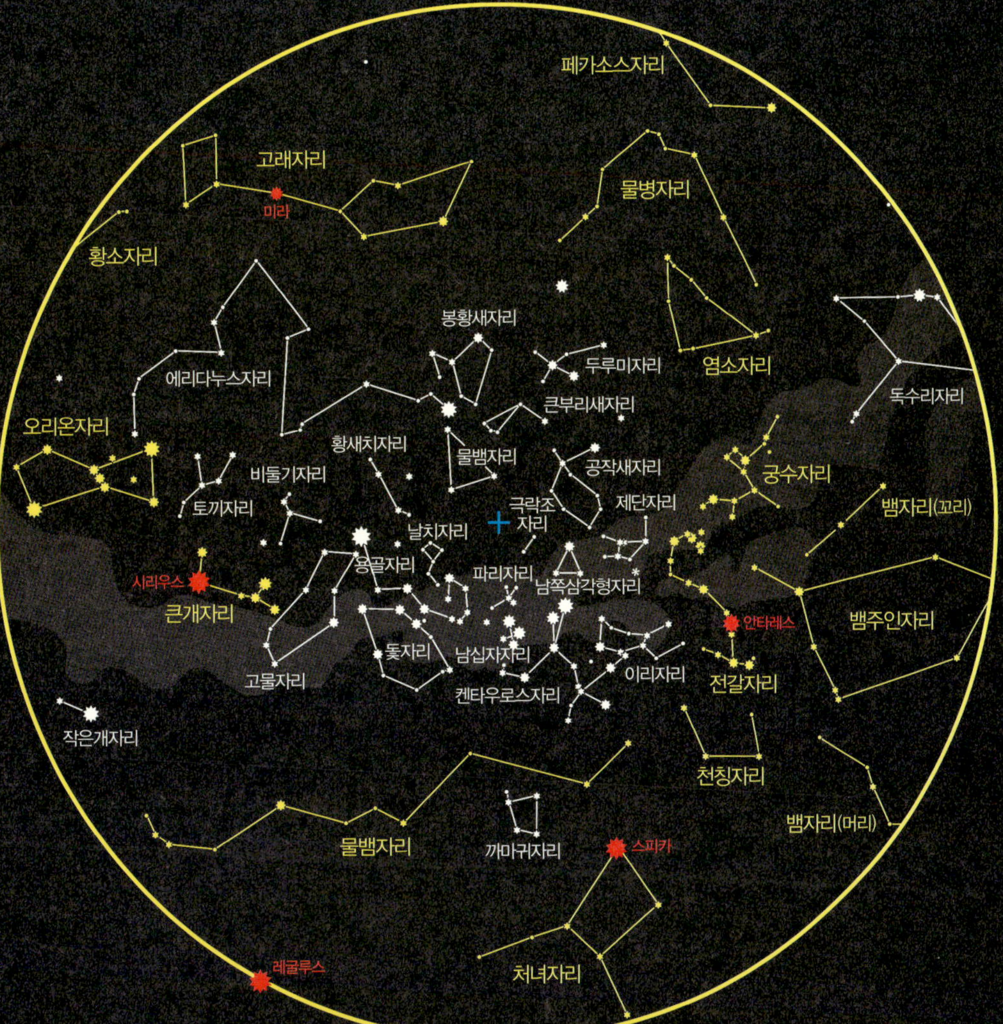

▲ 남쪽 하늘

겨울철의 별자리

글·그림 큰개자리·황소자리
게자리·쌍둥이자리

CANIS MAJOR
큰개자리
바람처럼 빠른 사냥개

    포키스 왕 데이온과 디오메데의 아들인 케팔로스는 훌륭한 외모에 용맹스럽기까지 해서 모두에게 사랑받는 청년이었지요. 그는 사냥을 좋아해서 잠자리에서 일어나자마자 과녁을 빗나가는 법이 없는 창과 어떤 사냥감도 놓친 적이 없는 사냥개 라이라프스와 함께 사냥을 나가곤 했어요. 이 창과 사냥개는 사냥의 여신 아르테미스의 님프였던 아내 프로크리스가 케팔로스와의 결혼 선물로 여신에게 받은 것이었지요.

    한편, 새벽마다 케팔로스를 보아온 새벽의 여신 에오스는 그만 짝사랑에 빠지고 말았어요. 하지만 아름다운 아내가 있던 케팔로스는 여신의 사랑을 거절했지요. 에오스는 그런 그에게 화가 나서 자신의 사랑을 거절한 대가를

반드시 치르게 될 것이라고 소리쳤지요. 하지만 케팔로스는 아랑곳하지 않고 집으로 돌아와 늘 그래왔듯이 날마다 숲으로 들어가 짐승을 사냥하며 아내와 행복하게 살았습니다.

그러던 어느 날, 케팔로스가 살고 있던 나라의 일로 기분 상한 적이 있던 신들이 이 나라를 괴롭히려고 굶주린 여우 한 마리를 보냈습니다. 여우는 온 나라 구석구석을 헤집으며 동물들을 잡아먹고 식물들을 해쳤지요. 실력이 뛰어나기로 소문난 사냥꾼들이 이 여우를 잡으려고 나섰어요. 하지만 누구도 여우를 잡을 수 없었지요. 그들에게는 이 여우를 따라잡을 만한 사냥개가 없었기 때문이었어요.

드디어 케팔로스가 나섰습니다. 그는 바람보다 빠른 라이라프스를 내보냈어요. 개는 사슬에서 풀려나자 눈에 보이지 않을 만큼 쏜살같이 내달렸어요. 모래에 발자국이 남지 않았더라면 하늘을 날아간 것이라고 우길 사람이 있을 정도였지요. 여우도 만만치 않았어요. 갖은 재주를 부리며 빙글빙글 도는가 하면 갔던 길을 되짚어 오기도 했지요. 라이라프스는 여우의 뒷다리를 물려고 했지만 번번이 실패했어요.

화가 난 케팔로스는 창을 던지려 했어요. 바로 그 순간, 쫓던 개도 쫓기던 여우도 그 자리에 우뚝 서더니 돌이 되고 말았어요. 신들은 자신이 만든 동물들 중 어느 쪽도 패자가 되는 걸 원하지 않았거든요. 그래서 두 동물을 돌로 만들고 말았지요.

제우스는 개를 하늘로 불러 올려 별로 만들어 주었어요. 이것이 바로 '큰개자리'예요.

늠름하고 튼탄해 보이는 개가 여우를 쫓고 있어요. 개의 목 부분에는 하늘에서 가장 밝은 별인 '시리우스'가 빛나고 있어요.

TAURUS
황소자리
바람둥이 제우스

페니키아의 왕 아게노르에게는 세 명의 아들과 에우로파라는 딸이 있었습니다. 에우로파는 온 세상에 소문이 자자하도록 몹시 아름다운 아가씨였지요. 그러니 하늘과 지상의 일을 모두 다스리는 제우스가 그걸 모를 리가 있나요.

어느 날, 제우스는 올림포스 산 꼭대기에서 인간 세상을 내려다보다가 페니키아 해안 부근에서 놀고 있는 에우로파를 보고 말았습니다. 그녀의 아름다움에 마음을 빼앗긴 제우스는 아내 헤라 여신의 눈을 피해 그녀에게 갈 방법을 궁리하다가 한 마리 황소로 변했습니다. 그는 한달음에 페니키아로 내려갔습니다.

에우로파도 아름다웠지만 제우스가 변신한 소 역시 너무나 아름다웠습니다. 반질반질 윤이 나는 털, 맑고 커다란 눈을 가진 소를 보자 에우로파는 두려움을 잊고 다가갔습니다. 그러고는 꽃 한 송이를 따서 황소에게 주었습니다. 황소는 에우로파의 손등에 코를 비벼 댔지요.

이렇게 몇 시간이 흘렀고 에우로파는 조금의 두려움도 없이 황소의 등에 타게 되었습니다. 바로 그 순간, 소는 바다로 달려가 뛰어들더니 헤엄쳐서 바다를 건너기 시작했습니다. 겁에 질린 에우로파는 황소의 뿔을 꼭 붙잡은 채 벌벌 떨며 가슴을 졸였어요.

이윽고 황소는 크레타 섬에 도착했어요. 그러고는 본래의 모습을 드러냈지요. 제우스신은 에우로파에게 사랑을 고백하고 그녀를 설득해 아내로 맞아들였습니다. 이때 제우스가 변신했던 황소의 모습이 별이 되어 '황소자리'가 되었지요.

겨울 밤하늘, 머리를 숙이고 앞으로 뿔을 들이대면서 금방이라도 다른 별들을 받을 기세로 달려오는 황소를 찾아보세요. 황소의 눈에는 눈부시게 빛나는 붉은 별인 '알데바란'이 반짝이고 있습니다. 황소의 어깨에는 플레이아데스 성단의 별들이 한데 모여 있습니다. 이들은 티탄 신 아틀라스의 일곱 딸이지요.

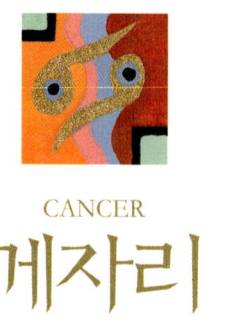

CANCER
게자리
헤라클레스의 발에 밟힌 게

 아르고스의 왕 에우리테우스가 헤라클레스에게 준 열두 가지 과제를 기억하나요? 헤라클레스의 죄를 씻기 위함이었지만 그 뒤에는 헤라 여신의 무시무시한 음모가 숨어 있었어요. 헤라에게 남편 제우스가 자신을 두고 다른 여자와 사랑에 빠져 낳은 자식인 헤라클레스는 언제나 눈엣가시였습니다. 그녀는 열두 과제를 빌미삼아 그를 없애기로 마음 먹었던 것이지요.
 아무튼 그 열두 과제는 모두 힘들고 어려웠지만, 그중 두 번째 과제는 정말 힘들고도 무시무시했어요. 그것은 바로 '레르네의 히드라'를 죽이는 것이었습니다.
 레르네의 늪에 사는 히드라는 뱀의 여신 에키드나의 딸로, 머리가 아홉 달린 뱀이었어요. 머리 하나를 잘라내면 둘씩 생겨나고, 가운데에 있는 머리는 사람의 그것과 비슷한데다가 죽지 않는 불사의 괴물이었지요. 몸집은 얼마나 큰지 헤라클레스의 두 배는 되었으며, 숨결은 너무나 독했어요. 천하무적 헤라클레스에게도 절대 만만한 상대가 아니었지요.

영웅은 긴 낫으로 히드라의 머리 하나를 베었습니다. 과연 그곳에서는 새로운 머리 두 개가 솟아났지요. 새 머리 두 개를 베자 또 다른 머리 네 개가 솟아올랐고요. 알고는 있었지만 실제로 보니 더 무시무시하고 끔찍했지요. 헤라클레스는 적잖이 당황했습니다.

그때 그의 발이 따끔거렸습니다. 얼핏 고개를 돌려 보니 거대한 게 한 마리가 날카로운 집게로 자신의 발뒤꿈치를 물고 있는 게 아니겠어요? 하지만 게 따위에게 물렸다고 쓰러질 그리스 최고의 영웅이 아니지요. 헤라클레스는 칼을 뽑아 그 게의 집게발을 자르고, 등딱지를 향해 칼을 날렸습니다. 그러고는 발로 밟아 게를 단숨에 죽여 버렸지요.

다시 히드라와의 무시무시한 싸움이 이어졌습니다. 그는 조카 이올라오스에게 도움을 요청했습니다. 자신이 히드라의 머리를 잘라 내면 장작불로 그 목을 지지도록 했지요.

그렇게 지겹고 힘든 싸움을 계속한 헤라클레스와 이올라오스는 마침내 히드라의 마지막 머리를 잘라 내 바위 밑에 묻었습니다. 그런 다음 헤라클레스는 자신의 화살을 히드라 간 속의 담즙에 담가 독화살로 만들고는 다음 과제를 해결하기 위해 길을 떠났습니다.

그에게 죽은 히드라는 제우스에 의해 '바다뱀자리'가 되었습니다.

한편, 헤라클레스의 발에 밟혀 죽은 게는 사실 헤라가 보낸 것이었습니다. 여신은 자신의 역할을 다한 게의 공로를 높이 사서 게를 밤하늘로 불러올렸습니다. 이것이 바로 '게자리'랍니다.

GEMINI
쌍둥이자리
죽음도 막지 못한 형제의 우애

　최고신 제우스가 백조로 변해 스파르타의 왕비 레다와 사랑을 나눈 '백조자리' 이야기를 기억하나요? 레다는 제우스를 만난 뒤 희고 아름다운 알 두 개를 낳았지요. 알 하나에서는 여자아이인 헬레네와 클리타임네스트라가, 다른 알 하나에서는 사내아이인 카스토르와 폴리데우케스가 태어났어요. 함께 태어났지만 폴리데우케스와 클리타임네스트라는 제우스의 자식들로 불사의 몸이었고, 카스토르와 헬레네는 틴다레오스의 자식이었습니다.

　카스토르와 폴리데우케스는 스파르타의 영웅들이었습니다. 카스토르는 말 타기와 전술에, 폴리데우케스는 권투와 활쏘기에 뛰어났지요. 특히 폴리데우케스는 대장장이 신 헤파이스토스에게 부탁해 손목에 철을 붙였는데,

그 힘이 혼자서 군대 하나를 맞아 싸울 수 있을 만큼 엄청났어요.

둘은 사이가 좋아 늘 함께 붙어 다녔어요. 그러다가 이아손, 헤라클레스, 아르고스, 오르페우스 등 내로라하는 그리스 영웅들과 함께 아르고 호를 타고 황금 양털을 찾는 모험을 떠나기도 했지요. 이 모험 덕분에 두 형제는 훗날 항해자와 모험가의 수호신으로 유명해졌어요.

쌍둥이 형제는 숙부 레우키포스의 딸들을 사랑하게 되었어요. 그런데 하필 이 자매들은 두 형제들의 사촌인 이다스와 린케우스의 약혼녀였지요. 네 사촌은 서로 싸우다가 불사의 몸인 폴리데우케스를 제외하고 모두 죽고 말았어요.

폴리데우케스는 오랫동안 슬픔에 빠져 있다가 카스트로 없이 혼자 살 수 없다고 결론을 내렸어요. 그래서 아버지 제우스에게 자신도 죽게 해 달라고 부탁했지요. 형제의 우애에 감동한 제우스는 이들을 반신으로 인정하고 지옥과 올림포스를 하루씩 번갈아 오가게 했지요. 또 밤하늘 별이 되게 했는데, 이것이 바로 '쌍둥이자리'랍니다. 이 별자리에서 가장 밝은 별은 활을 든 폴리데우케스의 얼굴에서 빛나고 있어요.

모두가 추위에 떠는 겨울 밤하늘, 둘이라서 따뜻한 형제의 우애를 느껴 보세요.

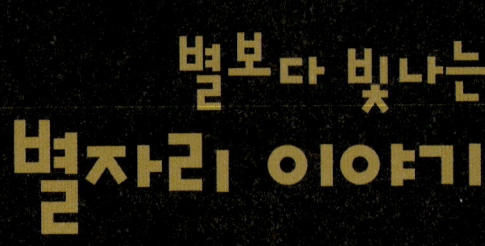
별보다 빛나는
별자리 이야기

☀ 태양이 지나는 길에 있는 별자리

태양은 동쪽에서 떠서 서쪽으로 져요. 그래서 사람들은 태양이 움직인다고 생각하지만, 실제로는 태양이 움직이지 않아요. 우리가 살고 있는 지구가 태양 주위를 돌고 있기 때문에 우리 눈에는 태양이 움직이는 것처럼 보이지요. 이렇게 태양이 지나는 길을 '황도'라고 부릅니다.

이 황도에는 별자리 열두 개가 놓여 있는데요, 궁수자리, 염소자리, 물병자리, 물고기자리, 양자리, 황소자리, 쌍둥이자리, 게자리, 사자자리, 처녀자리, 천칭자리, 전갈자리 등이 그것이지요. 이것을 우리는 '황도 12궁'이라고 부릅니다.

▲ 황도 12궁을 나타낸 고대의 그림

✦ 점성술과 별

서양의 점성술가들은 황도 12궁의 별자리를 이용해서 사람의 운명을 점쳤어요. 하늘을 대우주, 인간을 소우주라고 생각하여 사람이 태어난 날짜와 시간에 해당하는 천체의 위치에 의해 개인의 미래나 성격을 예측할 수 있다고 믿었지요.

별자리	생일	성격
양자리	3월 21일 ~ 4월 20일	열정적인 성격의 소유자
황소자리	4월 21일 ~ 5월 20일	고집이 세지만 올곧은 사람
쌍둥이자리	5월 21일 ~ 6월 20일	두뇌 회전이 빠르고 자신감이 충만한 사람
게자리	6월 21일 ~ 7월 20일	모성애가 강하지만 마음은 약하다
사자자리	7월 21일 ~ 8월 20일	밝고 화려하며 리더십이 강하다
처녀자리	8월 21일 ~ 9월 20일	넘치는 정의감의 소유자
천칭자리	9월 21일 ~ 10월 20일	냉정하고 결단이 빠르다
전갈자리	10월 21일 ~ 11월 20일	치명적인 매력의 소유자
궁수자리	11월 21일 ~ 12월 20일	신속하게 모든 일을 처리할 수 있는 능력자
염소자리	12월 21일 ~ 1월 20일	포기를 모르며 강인한 성격
물병자리	1월 21일 ~ 2월 20일	주위 눈치를 보지 않는 개척자
물고기자리	2월 21일 ~ 3월 20일	적응력이 강한 현실주의자

별자리 스티커
이렇게 활용하세요!

본문에 나오는 별자리 그림 중
검게 비워진 동그라미에 스티커를 붙여 별자리를 완성해 보세요.
[예]

양자리

사자자리